Wilfried Brusch

Shakespeare und Ich

Wilfried Brusch

Shakespeare und Ich
und die Kunst des Sonetts

50 freie Sonette mit Anmerkungen

© 2008 Wilfried Brusch
Herstellung und Verlag: Books on Demand GmbH,
Norderstedt

Bibliografische Information der Deutschen National-
bibliothek: Die Deutsche Nationalbibliothek verzeichnet diese
Publikation in der Deutschen Nationalbibliografie; detaillierte
bibliografische Daten sind im Internet über
http://dnb.d-nb.de abrufbar.

Titelbild, Umschlaggestaltung und Layout:
Regine Bolkart, Köln, regine.bolkart@gmx.net
Das Titelbild ist eine Illustration zu Sonett 43 als auch
zu William Shakespeares *wandering bark* des Sonetts 116.

ISBN: 978-3-8334-7549-8

Für Jean

Inhalt

Vorwort

Im Jahre 1938 besuchte George Mikes, ein junger Journalist aus Ungarn, für zwei Wochen London, blieb dort und wurde Engländer. Er wurde zum humorvollen Kritiker englischer Kultur und schrieb unter anderem ein Buch mit dem Titel *Shakespeare and Myself*, in dem er aber nach eigener Aussage hauptsächlich über sich selbst schrieb.

Mit großer Aufrichtigkeit bekennt Mikes, dass bei einer Entscheidung, für ein Buch einen zutreffenden oder einen guten Titel zu wählen, er immer den guten Titel bevorzugen würde.

Mir geht es nicht anders. Genau wie Mikes' Buch mit Shakespeares Namen im Titel handelt der vorliegende Band auch mehr von mir als von Shakespeare. Den Stratforder Barden nenne ich dennoch zuerst, weil es früher zu einer guten Kinderstube und heute zur politischen Korrektheit gehört, andere zuerst und sich selbst zuletzt zu nennen, selbst dann, wenn man in der jeweiligen Situation sich selbst für die wichtigere Person hält.

Ganz abwegig ist es nicht, William Shakespeare für den Titel meiner Sammlung von freien Sonetten in Anspruch zu nehmen, denn immerhin beherrschte William Shakespeare nicht nur die Kunst des Stückeschreibens, sondern auch die Kunst des Sonetts.

Ab 1590, also zu Beginn seiner Karriere, schrieb er für einen adeligen Sponsor oder dessen Mutter 154 Sonette, die nach Ansicht der Kritik viel Autobiografisches enthalten. Da Shakespeare nach Mikes' Ansicht den finanziellen Erfolg dem Ruhm und der Abhängigkeit von Sponsoren vorzog, schrieb er danach nur noch für sein Londoner Theater und wurde ein reicher Mann, der sich mit 46 Jahren nach Stratford ins Privatleben zurückziehen konnte.

Der Leser wird bei einem Blick ins Inhaltsverzeichnis des vorliegenden Bandes schnell erkennen, dass hier 50 von mir verfasste Sonette zusammengetragen wurden. Wie bei meinem Stratforder Vorbild sind meine Sonette autobiografisch. Aber auch im formalen Bereich ist meine Kunst des Sonetts von Shakespeare inspiriert, in der Durchführung jedoch wesentlich radikaler und innovativer.

Ganz frei von innovativen Absichten war allerdings auch der junge Sonetten-Autor aus Stratford nicht. Er muckte auf gegen die harten Formvorschriften des italienischen Sonetts: Aus seinen je zwei Quartetten und Terzetten machte er drei Quartette und eine abschließende Doppelzeile.

Noch entscheidender für meine Sonettkunst aber ist, dass William seine eigene Sonettform nicht immer erfüllte: So hat eines seiner Sonette 15 Zeilen (Nr. 99), ein anderes nur 12 (Nr. 126), und eines besteht aus achtsilbigen Zeilen (Nr. 145).

Dieses gelegentliche Durchbrechen der strengen Formvorschriften des klassischen Sonetts wird in meinem Band zum Gestaltungsprinzip, zur formalen Revolution. Die Leserin oder der Leser möge selbst entscheiden, ob die hier vollzogene Revolution Fesseln sprengt und dadurch Neues und Kreatives ermöglicht, wie es das Ziel jeder sich selbst respektierenden Revolution ist. Wenn vielen

Leserinnen und Lesern meine „Nicht-Sonette", meine „Fast-Sonette", meine freien Sonette gefallen, werden sie auch zustimmen, dass der Titel dieses Bandes sowohl gut als auch treffend ist. Denn der Mut Shakespeares zur Abweichung ist es, der meine Kunst des freien Sonetts inspiriert hat.

Was das Aufspüren von autobiografischen Bezügen anbetrifft, so sagte ich bereits, dass bei mir, wie bei Shakespeare, alle Gedichte mein eigenes Leben beschreiben. Dies gilt auch für die Liebesgedichte. Im Gegensatz zu meinem verehrten Vorbild kann ich dem in dieser Richtung interessierten Leser aber weder Verse über eine *dark lady* noch über eine durch einen Freund ausgespannte Geliebte bieten. Dieser Mangel in meinen Texten sollte in unseren Tagen hinnehmbar sein, weil in diesem Genre die Boulevardpresse heute jeder Dichtkunst überlegen ist.

Abgerundet wird dieser Band durch Anmerkungen zum Entstehen und zu den autobiografischen Hintergründen meiner Gedichte und einem Nachwort.

Mein Dank gilt allen meinen Freunden, Kollegen und Bekannten, die mir nach der Lektüre meines Manuskriptes ein positives Feedback gaben und mich zur Publikation meiner Gedichte ermutigten. Stellvertretend für viele andere seien hier Werner Bleyhl, Bodo Lecke, Rudolf Nissen, Reinhard Schröder, Hugo Stiller und Heiner Willenberg genannt. Mein ganz besonderer Dank gilt meinen Freunden Willi Eigelshoven und Otfried Börner, von deren Kritik und Lektorat die Gedichte profitiert haben. Alle verbliebenen Fehler sind jedoch allein von mir zu verantworten.

Besonderen Dank schulde ich auch dem Kammermusikensemble *Uni-Suono* der Fokolare in Hamburg, die meine erste öffentliche Lesung aus diesem Band im Franziskus Kolleg in Hamburg musikalisch mitgestalteten. Dabei wurden Dichtung und Musik wieder vereint und aus den Sonetten wieder sonetti, also Klanggedichte.

Ich wünsche allen Leserinnen und Lesern ein ästhetisches Vergnügen bei der Lektüre der Gedichte.

Hamburg, im Juni 2008

Wilfried Brusch

Die Sonette

1

Leserbefragung

Wer schreibt eure Texte?
Der dunkelrote Abendhimmel
Der reißende Zahn des Hais
Oder der Flug des Albatros?

Wer schreibt eure Texte?
Die Faszination an Vokalsequenzen
Der Wunsch nach schmeichelnder Botschaft
Oder die Vision einer glücklicheren Welt?

Wer schreibt eure Texte?
Der Scharlatan, der eitle Träume feilbietet
Der Texter, der Verbalprodukte verkauft
Oder der Autor, der sein Menschsein mit euch teilt?

Jedem von euch gelten meine Fragen
Weil ihr alle zusammen die Antwort bestimmt

2

Aquarium

Aufgestellt
Vor weißer Wand
Gefüllt mit Wasser
Bis zum Rand
Schwebt schweigend
Ohne Rast
Ein Fisch
In farblos rundem Glas

Daneben eine Vase
Doch aus
Ihrem offnen Mund
Sprießt nur ein Strauß
Papierner Blumen
Die sind bunt

3

Sprache

Der Himmel so hell
Wie das Licht deiner Augen
Die Erde so dunkel
Wie das Feuer deiner Sinne

Sorgfältig löse die Worte
Aus dem Netz deiner Sprache,
Aus dem hartnäckigen
Schweigen deines Herzens

Und verwandle
Die Offenbarungen der Stille
Zu neuen Bildern
Die bezaubern
Wie das Flimmern
Des Meeres am Morgen

4

Meditation

Zusammengefaltet

Wie ein Schmetterling

Ruht dein Körper

Auf dem Boden

Gelassen gleiten

Deine Augen über die weißen

Flächen des Raumes

Gelassen

Wandern deine Gedanken

Durchs Bewusstsein

Alles ist Auflösung

Dein Ich

Der rote Tropfen Blut

Zerfließt im blauen Ozean

5

Autobiografie

Ich war neunzehn. Es war Frühling.
Früh am Morgen regnete es
Mein Pullover roch nass und warm

Ein frisch gebrochener
Bunter Strauß Flieder
Weiß, lila, weinrot
Duftete in meinen Händen

Darüber schrieb ich mein erstes
Ungelenkes Gedicht
Auf ein weißes Blatt

Jetzt - fast 50 Jahre später -
Lese ich die unbeholfenen Zeilen
Und bin glücklich und dankbar
Über dieses unfassbare Geschenk

6

Texttheorie

Sind diese Zeilen -
Schwarze Farbspritzer
Auf weißem Papier -
Letztlich sinnlos?

Sind sie Abbild
Sozialökonomischer Verhältnisse
Der Gesellschaft
Durch dich gespiegelt?

Sind sie deine Worte
Deine ureigensten Offenbarungen?

Sind sie
Alles zugleich

Die Verschmelzung
Von Welt, Geld und Held?

7

Inspiration

Aus der
Grünen Wolke
Der Weide

Lässt sich
An unsichtbarem
Faden

Eine Spinne herab
Und fällt
In die helle
Blüte der Seerose

Die mit grünem
Schwimmblatt
Auf den dunklen
Wassern schaukelt

8

Les Landes

Schweigend durch den Morgen
Steigt das goldene Segel
Und wirft eine helle Flut der Bilder
Über die Wasser

Unter dem zottigen Fell der Wolken
Über den gläsernen Dächern der Wogen
In den Seidentälern des Schaums
Auf den Jadebergen der Brandung

Bersten die Wellen
Pulst dein Herz
Bebt dein Atem
Schwillt der Ozean

Traumlos und süß ist nachts der Schlaf
Unter den duftenden Kiefern: Les Landes

9

Surfing Sonett

Jenseits der Brechungslinie
Im sanften Feld vor der Brandung
Könntest du ausruhen. Doch dein Blick
Schweift rastlos über das dunkle Wasser
Und sucht bis zum Horizont
Nach der wandernden Dünung

Wissen und Glauben verschmelzen im Entschluss:
Dies ist dein Augenblick, dein Leben, dein Kampf
Die Welle wächst, greift, gibt Geschwindigkeit
Frei wandelst du auf dem Wasser
Frei schwebst du unter der Sonne
Zeit und Ozean zerfließen unter deinen Füßen

Bis die Welle zerrinnt und du zurücksinkst
Ins Wasser - zurück - zu einem neuen Beginn

10

Frühling

Auf dem Berg
Die Offenbarung der Stille:
Tief unten der Fluss ist geflutet
Hochwasser deckt die Wiesen
Ganz nah der herbe Duft
Der Tannenwälder
Rotbraun knospen die Buchenhaine

Rings um das Dorf
Flächen satten Grüns
Und dunkelbrauner Erde

Dieser helle Frühlingstag
Kennt keine Horizonte

Fernab schwimmt
Ein Schleier bläulichen Lichts

11

Sommer

Trockener Glast des Mittags
Unter dem blaugrünen Gefieder
Der Kiefern. Durch windstill
gestaute Hitze sinkt federnder Schritt

Unter sengender Sonne
Blökende Schafherden
Flirrende Hitze
Über violetter Heide

In den Kahlschlägen
Flächen von Licht
Über platinfarbenem Gras

Wir ruhen aus
Und träumen
Im Schatten der Kiefern

12

Herbst

Über die Wiesen gebreitet

Über den Fluss hin gleitet

Leicht wie ein Seidenhauch

Schleier aus kaltem Rauch

Zögernd verhält und sinnt

Der Morgen und schweigt

Bis die Sonne gen Mittag steigt

Und der weiße Schleier zerrinnt

Farbe und Kraft zeigt

Noch einmal die Welt

Bevor die Sonne sich neigt

Bevor der Abend Einzug hält

Bevor lautlos das Dunkel fällt

Und wieder alles ruht und schweigt

13

Winter

Es schneit. Der Winter kommt sehr früh.

Wind verweht den Schnee
Eisschollen treiben den Strom hinab
An dem blaugrauen Wasser
Hocken reglos und stumm die Wasservögel
Noch fährt ein Schiff den Strom hinab
Noch streift ein Vogelschwarm den Himmel

Auf den Feldern und Weiden aber
Wächst unaufhaltsam hell und weiß der Schnee
Die Silhouette der Häuser und Bäume
Verwischt, Himmel und Horizont,
Undurchdringlich milchiggrau,
Sind unterm Schnee begraben

Es schneit. Der Winter kommt sehr früh

14

Zugvögel

Hoch über allen Bäumen

Kurze Rufe

Kommandos.

Windschattig

Flügel an Flügel

In Spiegelschrift

Die magische Zahl

Mit Leben und Schatten

In Himmel

Geschrieben

Und Wind

Hoch über allen Bäumen

Wir stehen im Hof

Schauen hinauf

15

Das politische Gedicht

Weder
Ein weiser Spruch
Noch
Ein Parteislogan
Sei das politische Gedicht

Tauche das heiße Eisen der Politik
In das nüchterne Wasser des Intellekts
Dass es zischt
Und das Eisen kalt
Und das Wasser warm wird

Nüchtern
Und hart
Sei das politische Gedicht
Eine scharf schlagende Klinge

16

Zeitgeist

Zeit ist Geld

Ist rastlos von Erfolg zu Erfolg
Eilen auf dem steilen Weg
Nach oben in das Penthouse
Der World City Bank

Bis dann an einem
Spätsommertag
Das Whiskyglas
In der Hand leer ist

Die Sonne - sehr gepflegt -
Durch den Horizont schwebt
In den Swimmingpool
Eintaucht und untergeht

Zeit war Geld

17

Konsumfrust

Moderne Märchen erzählt
Die Bildzeitung den butterweichen Birnen
Und mit viel Gefühl tröstet die Musikbox
In der Kneipe die veruntreuten Tomaten

Weil die Freizeit nichts zu bieten hat
Macht der Bierhahn laufend Überstunden
Und bewundert das Titelblatt
Das jede Woche knackige Teenager vorführt

Weil die Schinken dauernd ihre Preise erhöhn
Droht Klassenkampf im Supermarkt
Jetzt sind die Leberwürste beleidigt
Die Gurken sauer und die Würstchen kochen

Nur die Fernseher schauen stumm zu
Und wollen sich in nichts einschalten

18

Perfektion durch Spezialisierung

Der Schuster geht barfuß
Der Schneider nackt
Wer viel arbeitet, bekommt wenig
Wer nicht betrügt, ist beknackt

Der Arbeiter verflucht die Arbeit
Der Verkehrsteilnehmer den Verkehr
Die Hure hasst die Liebe
Das Bier schmeckt dem Betrunkenen nicht mehr

Die Psychologen zertrümmern die Seele
Die Weisen werden bekloppt
Die Dichter zerschlagen die Sprache
Die Theologen den lieben Gott

Sich zu spezialisieren ist uns allen geglückt
Nun sind wir noch perfekter, vollendeter verrückt

19

Auto-Didaktik

Wenn ich den aggressiven

Auto-erotischen Luxus

Dieser Limousinen betrachte

Und den monatlichen Marktberichten

Der Autozeitschriften entnehme,

Dass der Absatz dieser Modelle,

Im Gegensatz zu bescheideneren Fabrikaten -

Konjunktur hin, Wirtschaftskrise her

Unaufhaltsam steigt

Dann wird klar

Wie stark in dieser Welt

Alle Anstrengungen zu einer

Gerechteren Verteilung der Lebensgüter

Unter einem unguten Stern stehen

20

Stolz auf Amerika

Die Beine gekreuzt, halb verhungert
In Lumpen gehüllt kauerte er sechs Jahre
In seiner Zelle und dressierte vergeblich
Die Ameisen, die auf dem Beton hin- und herliefen.

Frisch gebadet und frisiert, in eine neue Uniform
Gesteckt, kommt er jetzt - mühsam die Unsicherheit
Seiner Schritte verbergend - die Gangway herab
Und tritt vor das Auge und Ohr der Nation.

Welch eine gefährliche Situation! Was wird, was kann,
Was darf er sagen? *Krieg ist ein Verbrechen. Sechs Jahre*
Meines Lebens - verloren! Wo sind meine Freunde?
Wir sind alle schuldig. Wir sind alle Verbrecher!

„Ich bin stolz auf Amerika", sagt er, ohne zu wissen,
Dass die Bomben, die er warf, Amerika zerrissen

21

Friedenswunsch

Mit blutigen Blumen
Schmückte sich die Welt
Als ich geboren wurde

Wann werden alle blutigen
Blumen welken
Oder wir sie ausreißen
Und verbrennen?

Denn nicht ihr Duft
Sondern nur ihr Brandgeruch
Ihre schwarze Asche
Und ihr weißer Rauch betören mich

Weil ich nur blaue Blumen mag
Und meine Eltern mir
Einen irenischen Namen gaben

22

Schöner Wohnen

Die weiche Linie

Dieser purpurbraunen

Ledergarnitur von Couch und Sesseln

Ist vollendet kontrastiert

Mit den strengen Rechteckflecken

Der hellen Schrankwand im Hintergrund

Das angebotene Mobiliar

Gruppiert sich um einen kalten Kamin

Vor dem der Hausherr

Gespielt entspannt eine Zigarre raucht

Die Dame des Hauses ist ebenfalls im Bilde

Denn die purpurbraunen Linien

In ihrem hellen Abendkleid signalisieren

Dass das, was hier besessen wird, besitzt

23

Wie geht es der Lyrik in Deutschland?

Bleibt Zeit zwischen Vorlesung und Seminar
Mit der nichts Großes anzufangen lohnt
Gehe ich - eine alte Gewohnheit - hinauf
In den Zeitschriftensaal der Staatsbibliothek
Und suche in den Kulturzeitschriften jene Seiten
Die nur spärlich bedruckt sind

Wie geht es der Lyrik in Deutschland?
Nun - bescheiden ist noch geprahlt.
Obgleich die Kunst des Buchstabierens überwunden
Ist ihre Stimme noch ohne Kraft und Leben

Wenn in dieser Welt das materielle Wachstum
Beendet werden muss und die Frage
Nach dem Sinn des Lebens neu gestellt wird
Wird Lyrik die Kunst des (Über)Lebens sein

24

Semesterbeginn in den 70er-Jahren

Frisch tapeziert ist die Eingangshalle
Mit revolutionären Wandzeitungen.
Täglich rollt der rote Teppich
Weggeworfener Flugblätter
Vor die Füße der Polit-Kommilitonen,
Die hinter Bücherständen Stellung beziehen.

Leere Plastikbecher und ausgedrückte Zigaretten
Zieren Tisch und Bänke und führen hin zu
Den Kursräumen und Geschäftszimmern,
Zum Schlangestehen im Bildungsbahnhof.

Diese Studium-generale-übung
Ist eine studienbegleitende Veranstaltung.
Ihr Titel: Erfolgreich studieren zwischen
Protestritualen und staatlicher Gleichgültigkeit

25

Wer hat den Tiger getötet ?

Die Regierung,
Die ihn zum Abschuss freigab
Der Jäger,
Der ihm die Kugel durch den Kopf jagte
Die Pelzfabrik,
Die das Fell verarbeitete,
Das Modehaus,
Das ein Tigercape anbot
Der Filmstar,
Der dieses Tigercape kaufte
Die Zeitschrift
Die darüber empört bewundernd berichtet

Oder du und ich, die diese Nachrichten
Gelassen hinnehmen: Wer hat den Tiger getötet?

26

Stadtrand

Die sanfte Linie des Horizonts
Von Schornsteinen
Durchstoßen, roh und tief.

Hochspannungsleitungen schlingen sich
Vergeblich um die geschundene Erde
Grenzgräben, Krähen, Schrebergärten
Entlaubte Bäume, Industrieanlagen
Stacheldraht und leere Felder
Liegen herum, herausgefallen
Aus geplündertem Paket

Fernab träumen die Häuser.
Die Sonne - milchig und trüb
An einem Fabrikturm aufgespießt -
Zerfließt wie ranzig gelbe Butter

27

Das Dilemma

Der Wirtschaftsminister der Bundesregierung
Verkündet die auf Expertengutachten basierende
>Mahnung

Dass die Bürger unseres Staates
Zu wenig Lebensgüter verbrauchen

Wenn wir nicht sofort
Unseren Konsum erhöhen
Ist eine Wirtschaftkrise unvermeidlich

Der Klimaausschuss der Vereinten Nationen
Verkündet die auf Expertengutachten basierende
>Mahnung

Dass die Menschen in der Welt
Durch zu viel Industrieproduktion die Umwelt zerstören

Wenn wir nicht sofort
Unseren Konsum reduzieren
Ist eine Weltklimakrise unvermeidlich

28

Innisfree

Ein trotziger normannischer Turm
Fernab in Galway auf einer Insel im See
Oder ein lichthelles Sommerhaus
Mit meerwärts gewandtem gläsernen Giebel -

Voll Leben und mit Arbeit überladen
Sind jetzt auch meine Tage; doch verdrängen
Sie nicht, sondern nähren den Wunsch
Nach der stillen Insel im Strom - Innisfree!

Unbemerkt gleiten die Perlen beim Gebet
Durch die Hände der Gläubigen
Unbemerkt wechseln die Zeichen dieser Welt,
Und sind der suchenden Semantik des Geistes

Aufgabe und Antwort: Um- und Innenwelt
Zusammenzurücken - in sprachlosem Entzücken!

29

Robert Frost

Vergleichbar nur der Reinheit jenes Schnees
Der sanft durch seine Verse weht,
Schlohweiß ist das Haar auf seinem Haupt
Und leuchtet kräftig vor dem unverstellten Blau.

Die heitere Sonne Amerikas, die auf
Brauner Erde Äpfel reifen lässt und Birnen
Und Birken wachsen buschig an den Seen -
Ihrem Zauber konnte er sich nicht entziehen

Das zeigt die Landschaft seines Angesichts
Und seiner Augen. Doch um seinen Mund -
Die schmalen Lippen leicht geschürzt -
Jenes schelmisch-rätselhafte Lächeln

Vieldeutig genug um in seinen Versen
Antworten zu suchen von Weisheit und Glück

30

Wedgwood: *Napoleon Ivy*

Im Jahre 1769 schuf Josiah Wedgwood
In seiner neu gegründeten Manufaktur *Etruria*
Dieses cremefarbene Steingut-Service.
Seine Formkunst ist unerreicht

Ebenfalls im Jahre 1769
Wurde auf Korsika Napoleon geboren.
Eine ganze Weltgeschichtsepoche
Und ein halbes Jahrhundert später

Aß er das Gnadenbrot der Gefangenschaft
Auf St. Helena von diesem Tafelservice
Geziert mit dem jetzt berühmten Dekor
Einer einzigen braungrünen Efeuranke.

Einsam und melancholisch umklammert
Sie die zeitlose Form: *Napoleon Ivy*

31

Das Pferd

Sonett für Betty

Ein dickbäuchiger Belgier
Ein massiges Arbeitstier
Mit gewaltigen Hufen
Knolligen Muskeln, zottiger Mähne

Auf den Schultern
Messingbeschlagenes Ledergeschirr
Der Leib ist eingezwängt
In die Gabeldeichsel des Heuwagens

„Echt englischer Kaminsims-Kitsch"
Denke ich. Die Besitzerin
Die mir stolz diese Porzellanfigur zeigt

Ist 30 Jahre lang Telefonistin gewesen
Und jetzt krebskrank und arbeitsunfähig

Aufrichtig bewundere ich das Pferd

32

Der Salon-Revolutionär

Das Chaos in sich, in der Stadt und Universität
Kompensierte er durch politische Aggressivität
Sechs Jahre lang war er extrem radikal
Nicht nur im Denken, sondern auch verbal.

Er plante den Umsturz, die Weltrevolution
Am Abend mit Freunden im Biersalon.
Zuweilen nachdem er diskutiert und gezecht,
Stand er auf, schritt zur Tat, zum letzten Gefecht:

„Nieder mit der Bourgeoisie, es lebe das Proletariat"
Schrie er und verstummte. Sein Bewusstsein brach ab.

Das Ende des Studiums war das Ende der Revolution
Mit dem ersten Gehalt wurde verbindlich sein Ton
Seit drei Jahren wohnt er in einem Dorf in der Heide
Zählt friedlich die Schafe vorm Haus auf der Weide

33

Das Selbstporträt des großen S. D.
im Fernsehen

Das eifrige Wippen
Seines Schnurrbarts
Signalisiert weltweit
Millionen Zuschauern:
Der Meister von gestern
Ist heute ein Scharlatan.

Für millionenschwere
Kunstmäzene weltweit
Ist es beunruhigend zu sehen,
Dass Geld den großen Künstler
Zu einem tollen Trottel macht
Der selbstzufrieden kreischt:

„Ich mach aus
Scheiße Gold". So ist es!

34

Der Französischlehrer

„*Seid hart*

Gegen Euch selbst

Wie ich gegen andere"

So sprach

So handelte

So war

Unser Französischlehrer

Er wurde Direktor.

Dann trennten sich

Frau und Familie von ihm

Bald malten Schüler

In seinem Unterricht

Eine Flasche an die Tafel

Er starb an Leberversagen

35

Der Lateinlehrer

Er war blind
Er war gelähmt
Er war Privatdozent
Für Latein. Der Unterricht
Fand in seiner Wohnung statt

Bei der Korrektur
Unserer Übersetzungen zeigte sich:
Er kannte die lateinischen Texte auswendig

Er hatte ein Ohr
Für unsere Ängste
Und Nöte. Er machte uns Mut

Durch harte Arbeit
Und mit umsichtiger Fürsorge
Steuerte er uns durchs Große Latinum

36

Verliebt

Es war Abend
Ich wartete im Garten
Bis sich die Tür öffnete
Du heraustratst
Und unsere Augen sich trafen

Du verriegeltest die Tür
Kamst die Treppen herunter
Auf mich zu; schobst sanft
Deine Hand unter meinen Arm
In meine warme Manteltasche

So gingen wir gemeinsam
Hinaus durch die Pforte
Hinaus in den Abend
Hinunter zum Strand

37

Sunny Cove

Im hellen Blau des Himmels
Kraftvoll golden die Sonne
Um uns das Grünblau des Meeres

Der belebte Badestrand
Verschwand hinter einer Felswand.
Vor uns öffnete sich eine stille Bucht

Wir erreichten das Ufer, fanden einen
Windgeschützten sonnigen Winkel
Ruhten aus und sprachen
Und schwiegen und träumten

Bis spät im Nachmittag
Die Sonne sank und es kühl wurde.
Wir glitten ins Wasser und
Schwammen zurück, woher wir gekommen

38

Morgen in Combe Martin

Es ist Morgen. Du kommst

Die Treppen herauf

Klopfst an der Tür

Und trittst ins Zimmer

Ich sehe deine Augen

Dein Gesicht, dein Lächeln

Dein offenes Haar

Deinen roten Morgenmantel

Verschlafen strecke ich mich

Unsere Hände berühren sich

Du beugst dich und ich ziehe

Dich herab zu mir

Unsere Gesichter sind verschüttet

Unter deinem hellen Haar

39

Abend in Hamburg

Es ist Abend

Niemand

Kommt die Treppen herauf

Niemand

Klopft an der Tür

Niemand

tritt ins Zimmer.

Doch da ist

Die Erinnerung

An dich

An deine Augen

Dein Gesicht

Dein Lächeln

Dein helles, offenes Haar

40

Paradox

Als ich

Bei dir war

Weit fort von zu Haus

Wanderten meine Gedanken

Zuweilen unbemerkt

Fort von dir

Nach Haus

Da ich

Nun zu Haus bin

Weit fort von dir

Wandern meine Gedanken

Ohne Unterlass

Fort von hier

Zu dir

41

Fragen und Antworten

Wie lange
Ein Feuer brennt, das verlassen
Im Dunkel -
Wer weiß es?

Ob Blumen
Wachsen im Schlaf
In der Nacht -
Wer weiß es?

Doch das Wasser
Strömt durch die Stille
Der Nacht - wir haben es gehört!

Und dass unsere Liebe
In den Wintern unserer Trennung
Wuchs - wir erlebten es beim Wiedersehen!

42

Das Versprechen

Du bist fort -
Deine Augen, dein Haar
Deine Stirn, deine Lippen
Das Spiel deiner Züge
Wer wird sie mir zurückgeben?

Die Nennung deines Namens
Verursacht in meiner Erinnerung
Eine Flut heller Bilder

Deine Augen, dein Haar
Deine Stirn, deine Lippen
Das Spiel deiner Züge

Alles werde ich lieben
Wenn du zurückkehrst
Aber noch mehr - dich!

43

Das Boot auf dem Meer

Durchs Blau
Schweigend
Die Wolken ziehen
Weißes Segel fragt:
Wohin?

Der Stein
Ins Meer
Geworfen,
Sinkt

Und wenn er
Keine Antwort bringt
Dann sind die Wasser
Endlos tief

Wo ist die Stimme, die mich rief?

44

Der Wandteppich

Keine Sonne

Nur aus Blut

Und Himmel

Bunte Blumen

Mit Wurzeln

Und Knospen

Mit Blättern

Und Zweigen

Geheimnisvoll

Bizarr verwebt

Zum Ornament

Im weißen

Karree:

Umgrenztes Sein

45

Hamlet agonistes

Sind wir nur
Unser eigener Versuch?

Ich kenne jetzt meinen Tod
Er schreckt mich nicht

Du irrtest nicht
Als ich dir unbegreiflich blieb

Als du mich begriffen
Verurteiltest du mich nicht

Meine Augen geschlossen
Fühllos die Lippen

Folge ich
Jetzt dir, Ophelia.

Der Rest
Ist Schweigen

46

Mein Tag verrinn'

Mein Tag verrinn'

Nimm alles hin

Wort und Glück

Fragen und Leiden

Sagen und Schweigen

Lass nichts zurück

Fremd im Land

Allein erwachen

Tritt vor

Den Spiegel

Schau dich an

Und sieh:

Wer nichts begreifen kann

Der kann doch leise lachen

47

Schottland

Steine
Auf Feldern
Verstreut

Gesammelt
Von den Feldern:
Steine

Zu schützenden
Steinwällen geschichtet

Aus fallenden
Mauern
Stürzen: Steine

Steine
Auf Feldern
Verstreut

48

Nach der Vorstellung

Im Crescendo der Geigen

Ein letztes Verneigen

So endet der Reigen

Und es folgt

Der Applaus

Dann: Der Vorhang fällt

Leer wird das Zelt

Das Spiel ist aus

Alle gehen

Denn es ist Zeit

Alle gehen

Denn dunkel

Und weit

Ist der Weg nach Haus

49

For Some Eternal Reason

For some eternal reason
And for whatever it is worth
There is a constant change of season
On this blue planet: earth

The arrival of spring
And summer's height
The fullness of fall
And winter's plight

Is given to us all
For a time often too short
But rarely too long
Is this the song we all sing
Sing our own way
Until we are gone - on just another day

50

Erlösung

Gethsemane nachts

Wachen und Beten

Verlassen im Garten

Am Morgen

Der Weinstock zertreten

Zerbrochen, nur Warten

Und Schweigen

Kein Zeichen

Verschlossen der Mund

Als sie das Kreuz ihm reichen

Zucken die Lippen. Und

Aus brechenden Augen

Bricht durch das Dunkel

Messianisches Licht

Anhang

Anmerkungen

What we keep in memory is ours
unchanged for ever.
Gordon Peter Hoare 1963-1996

Inschrift auf einer Bank am Baggy Point,
Croyde, Devon/England mit Blick auf den
Atlantik

Diese Anmerkungen wollen dem Leser den Zugang
zu den Gedichten dieses Bandes erleichtern. Sie
wollen ihn ins „Gespräch" mit den Texten bringen,
indem sie die Daten, persönlichen Anlässe wie auch
meine Gedanken, die bei der Abfassung eine Rolle
spielten, mitteilen. Dabei gilt es zweierlei zu beach-
ten:

1. Jedes Gedicht muss aus sich heraus leben und
   überzeugen.
2. Die Rezeption eines Gedichts ist nicht erschöpft,
   wenn man seinen ursprünglichen Sitz im Leben
   des Autors kennt. Dies sollte nur der Anfang des
   „Gesprächs" mit dem Text sein.
3. In einigen Anmerkungen finden sich Verweise
   auf andere Texte und Autoren, die für die Ab-
   fassung des Gedichtes wichtig waren.

Die zu den Texten zuerst angegebenen Daten bezie-
hen sich auf erste Fassungen.

Alle Gedichte sind für die hier vorliegende
Veröffentlichung durchgesehen und überarbeitet
worden. Sind zwei Daten angegeben, war die Über-
arbeitung so erheblich, dass beide Daten als
Abfassungstermin gelten sollten.

Jedes Gedicht ist für sich allein verfasst worden. Die Einordnung in sieben thematische Zyklen ergab sich im Nachhinein zum Zweck der Publikation.

Zyklus I: Anfänge

In diesem Zyklus sind Gedichte zu meinem Welt- und Wirklichkeitsverständnis, zur Theorie der Sprache und Poesie als auch zu Autobiografischem zusammengestellt.

1. Leserbefragung 07.04.1976

Der Albatros ist von Charles Baudelaire. 1976. *Les Fleurs Du Mal*. Paris: Aux Quais de Paris, S. 16, aus dem Gedicht „L'Albatros" entlehnt, in dem der Dichter mit dem Seevogel verglichen wird. Der Albatros ist in der Luft ein eleganter Flieger, aber auf dem Schiffsdeck ein Tolpatsch mit ungeschickten Bewegungen wegen seiner übergroßen Flügel. Der Albatros ist bei Baudelaire ein Sinnbild für die Unvereinbarkeit von Dichtkunst und Alltagsleben. In der angelsächsischen Kultur wird Dichtung auch als eine moralische Instanz gesehen, die das Zeitgeschehen kritisch analysiert.

2. Aquarium 09.12.1962 / 05.01.2007

Ausgelöst durch eine Beobachtung in Cambridge im Sommer 1962 bei einem Besuch eines Ferienkurses an einem College. Das „Stillleben" sah ich im Fenster eines Hauses, an dem ich täglich vorbeikam. Siehe hierzu Walther Killy:

„Das poetische Bild als eine Vergegenwärtigung der Dinge der Welt ist ein ursprüngliches Phänomen; es wird bedeutend durch das Bewusstsein, das es immer aufs

Neue hervorbringt ... Es ist wie im Gedicht selber: Von den Dingen ist die Rede, aber der Mensch kommt zur Sprache." Walther Killy. 1967. *„Wandlungen des lyrischen Bildes"*, Göttingen: Vandenhoeck & Ruprecht, S. 8.

3. Sprache 14.04.1964 / 19.01.2007

„In Wirklichkeit ist das Denken eine höchst rätselhafte Sache über die wir durch nichts so viel erfahren wie durch das vergleichende Sprachstudium. Dieses Studium zeigt, dass die Formen des persönlichen Denkens von unerbittlichen Strukturgesetzen beherrscht werden, die dem Denken nicht bewusst sind. Die Strukturschemata sind die unbemerkten komplizierten Systematisierungen in seiner eigenen Sprache, die sich recht einfach durch unvoreingenommene Vergleiche und Gegenüberstellungen mit anderen Sprachen, insbesondere solchen einer anderen Sprachfamilie, zeigen lassen. Das Denken selbst geschieht in einer Sprache - in Englisch, in Deutsch, in Sanskrit, in Chinesisch. Und jede Sprache ist ein eigenes riesiges Struktursystem, in dem die Formen und Kategorien kulturell vorbestimmt sind, aufgrund deren der Einzelne sich nicht nur mitteilt, sondern auch die Natur aufgliedert, Phänomene und Zusammenhänge bemerkt oder übersieht, sein Nachdenken kanalisiert und das Gehäuse seines Bewusstseins baut."
Benjamin Lee Whorf. 1963. *Sprache, Denken Wirklichkeit*, Hamburg: Rowohlt, S. 52.

4. Meditation 01.09.1974 / 05.10.2007

Thich Nhat Hanh schreibt zum Thema Meditation Folgendes:
„Die erste Übung, die ich als junger Mönch lernte, war bewusstes Ein- und Ausatmen, die „Berührung" eines jeden Atemzuges mit meiner Achtsamkeit und die

Wahrnehmung des Einatmens als Einatmen und des Ausatmens als Ausatmen. Wenn man diese Übung durchführt, werden Körper und Geist aufeinander abgestimmt, das Wandern der Gedanken hört auf, und man ist im bestmöglichen Zustand ...".
Thich Nhat Hanh. 1999. *Buddha und Christus Heute. Verbindende Elemente von Buddhismus und Christentum.* München: Goldmann Arkana, S. 39.

5. Autobiografie 18.03.2007

6. Texttheorie 17.04.1974 / 22.01.2007

7. Inspiration 22.09.1962 / 01.03.2007
Vieles beim kreativen Schreiben ist Technik und damit erklärbar und lernbar. Die Inspiration ist meines Erachtens nicht erklärbar. So erstaunlich wie die Spinne, die von einem Ast einer Weide, der weit über das Wasser eines Teiches hinausragt, sich am eigenen Faden frei schwebend in eine offene Seerosenblüte herablässt, so erstaunlich und unbegreiflich ist auch die Inspiration zum kreativen Schreiben. Liegt hier ein „benign design" vor? Vergleiche hierzu Robert Frosts Sonett *Design*, wo es um ein beängstigendes Erlebnis von „design" in der Natur geht. Robert Frost. 1962. *Selected Poems*, Harmondsworth: Penguin, S. 194.

Zyklus 2: Natur
Hier wird glückliches und harmonisches Natur erleben beschrieben. Im Zentrum steht ein Jahreszeiten-Quartett.

8. Les Landes 01.04.1973 / 04.01.2007

Von 1969 bis 1973 verbrachte ich mit meiner Frau und Freunden die Sommerurlaube in Südfrankreich an der Atlantikküste im Département *Les Landes*. In *Seignosse* wurden wir Mitglieder der damals kleinen und sehr jungen französischen Surfergemeinschaft. Die Sommertage in *Les Landes* waren Glück und Erfüllung: intensives Natur- und Freundschaftserlebnis, Surfen bis zur physischen Erschöpfung.

„Und ich wählte das Sinnbild des Meeres als Spiegel dieses Schicksals, als Ort, an dem alles zusammenläuft und von dem alles ausstrahlt: wahrer „geometrischer Ort" und Orientierungstafel, und zugleich Vorrat ewiger Kräfte, aus denen der Mensch, dieser unersättliche Wanderer, sich speist, dass er sich vollende und übertreffe." Saint-John Perse. 1959, *See Marken*. München: Luchterhand, S. 247.

9. Surfing Sonnet 19.05.1973 / 10.02.2007

„What other experience equals surfing?" Bob White (Surfer): „Life". *In Surfer Magazine*, Vol 11, No 5, Nov 70, S. 57.

10. Frühling 30.04.1965 / 14.02.2007

Beschreibung meiner Heimat an der Oberelbe im Kreis Lüchow-Dannenberg.

11. Sommer 08.05.1963 / 10.03.2007

Ausgelöst durch eine Wanderung mit einem Freund durch die Lüneburger Heide, bei der wir in Jugendherbergen und im Freien übernachteten.

12. Herbst 13.11.1964

13. Winter 21.11.1965 / 11.01.2007

14. Zugvögel 21.11.1965 / 11.01.2007
Ich erinnere genau den späten Herbsttag auf dem
Bauernhof meiner Tante, an dem dieses Gedicht
entstand.

Zyklus 3: Gesellschaft

Theorie des politischen Gedichts, materielle Le-
benseinstellung, Konsumwünsche und Konsum-
frust, fehlgeleitete Spezialisierung und Krieg und
Frieden sind Themen dieses Zyklus.

15. Das politische Gedicht 23.10.1973
Wolfgang Kuttenkeuler (Hrsg.) 1973. *Poesie und
Politik. Zur Situation der Literatur in Deutsch-
land*. Stuttgart. Kohlhammer war damals eine Auf-
satzsammlung zum Thema, an der u. a. Willy
Brandt, Heinrich Böll und Günter Grass mitwirk-
ten.
Peter Stein schrieb bereits 1973 zur Problematik
des Begriffs „Politische Dichtung":
„Der Begriff der Politischen Dichtung ist ein Produkt der
bürgerlichen Literaturwissenschaft und ihrer idealisti-
schen Kunsttheorie. Die wissenschaftliche Begründung
der Literaturgeschichte als „Selbstbewegung' des ‚ästhe-
tischen Materials'", des künstlerischen Tuns als klassen-
jenseitige Tätigkeit, kurz: das Interesse an der Literatur
als Desinteresse an der Gesellschaft erzeugte in dialekti-
scher Weise neben dem Begriff der „reinen" Dichtung
den der ‚politischen' Dichtung … Als Produkt der bür-

gerlich-idealistischen Wissenschaft wird deswegen dieser Begriff auch mit ihr verschwinden." Peter Stein (Hrsg.) 1973. *Theorie der politischen Dichtung*, München: Nymphenburger Verlagshandlung, S. 7. Siehe auch George Orwell zur Frage von Literatur und Politik: „Once again, no book is genuinely free from political bias. The opinion that art should have nothing to do with politics is itself a political attitude." Orwell, George. 1971. „Why I Write". (1946) In *The Collected Essays, Journalism and Letters of George Orwell Volume 1 An Age Like This* 1920 - 1940. Harmondsworth: Penguin, S. 26.

16. Zeitgeist 16.04.1973 / 31.01.2007

17. Konsumfrust 11.09.1973

In diesem Text haben viele der Bilder einen „doppelten Boden". Es wird der moderne Wunsch nach Amüsement, die oberflächliche Konsumstimmung und der parallel dazu vorhandene Frust beschrieben.

18. Perfektion durch Spezialisierung
12.06.1973

Armut trotz Arbeit ist nach wie vor ein aktuelles Thema, ebenso die Frage der sinnvollen als auch der weniger sinnvollen Spezialisierung.

19. Auto-Didaktik 10.15.1977

20. Stolz auf Amerika 22.05.1973

Dies ist die verdichtete Wiedergabe eines Kurzberichts in den Fernsehnachrichten über das

Schicksal eines amerikanischen Soldaten, der in vietnamesische Kriegsgefangenschaft geriet und dann wieder nach Hause kam.

21. Friedenswunsch 30.04.1963 / 14.02.2007
Verfasst an meinem 22. Geburtstag. Irenisch = friedfertig.

Zyklus 4: Umwelt
Hier werden Umweltfragen im engeren und im weiteren Sinne dargestellt.

22. Schöner Wohnen 26.10.1973
Die Manier von Werbefotografen, Bilder und Farben bewusst zu komponieren, um das beworbene Produkt in den Mittelpunkt zu rücken, ist ungebrochen.

23. Wie geht es der Lyrik in Deutschland?
01.10.1975

Kunst, Dichtung und insbesondere Lyrik sind in Deutschland gesellschaftlich so marginalisiert wie eh und je. Die meisten Print-Medien sind heute Gedicht-frei. Aufgrund der Entwicklung der digitalen Drucktechnik gibt es heute eine Reihe kleiner Verlage, die Debüt-Autoren gegen Vorfinanzierung publizieren.

24. Semesterbeginn in den 70er-Jahren
17.09.1973 / 21.01.2008

Inzwischen haben Staat und Gesellschaft die Schlüsselfunktion von Bildung entdeckt. Die Zeit der obligaten Semesterstreiks und Chaoswochen an den Hochschulen ist vorbei. Durch Proteste und Schlangestehen kommt niemand mehr in ein Seminar, denn solche Fragen werden heute elektronisch geregelt. Innovation ist das Wort der Stunde. Bleibt zu hoffen, dass diese Reform nicht im Technokratischen versandet, sondern dem Motto des Hauptgebäudes der Universität Hamburg neuen Glanz verschafft: *Der Forschung. Der Lehre. Der Bildung.*

25. Wer hat den Tiger getötet? 18.22.1973
Ein Artikel im *Time Magazine* zum Thema war Anlass des Gedichtes. Hier ist Fortschritt festzustellen. Kein weiblicher Filmstar würde es heute noch wagen, mit einem echten Tigercape aufzutreten. Engagierte Natur- und Tierschützer, darunter auch berühmte Schauspielerinnen, haben dies durch gezielte Kampagnen erreicht.

26. Stadtrand 29.11.1975

27. Das Dilemma März 2007

28. Innisfree 07.07.1973 / 04.01.2007
Titel und Inhalt des Gedichts beziehen sich auf W. B. Yeats' Gedicht *The Lake Isle of Innisfree*. W. B. Yeats. 1964. *Selected Poetry*. London: Macmillan, S. 16. Siehe auch *Treasures of Britain*, 1969, London: Drive Publications, S. 582. Dort findet sich ein Bild des normannischen Turmes, den Yeats renovierte. Dort heißt es: *„Thoor Ballylee, the roofless Norman tower built on a small island in*

County Galway, which Yeats bought for 35 pounds in
1917. He turned the place into a home, as the inscripti-
on upon it tells. The tower became the centre of Yeats's
imagination, a symbol of mental solitude and questing."

Zyklus 5: Porträts

Dieser Zyklus porträtiert sehr unterschiedliche
Personen: bedeutende und unbedeutende, reale und
fiktive, sympathische und unsympathische, Vorbil-
der und abschreckende Charaktere.

29. Robert Frost 09.02.1963 / 04.01.2007

Vorlage war ein Porträt Frosts in einer amerikani-
schen Zeitschrift, das ich ausschnitt und in meinem
Studierzimmer aufhängte. In seinem Essay „The
Figure a Poem Makes", schreibt er: „It begins in
delight and ends in wisdom." Robert Frost. 1963.
Selected Poems of Robert Frost. Herausgegeben
von Robert Graves. Fort Worth: Holt, Rinehart and
Winston, S. 2-3.

30. Wedgwood: Napoleon Ivy
29.01.1972 / 06.01.2007

In dem Katalog zu diesem Ess-Service hieß es:
„Napolen Ivy ist das historische Wedgwood
Service, welches von Napoleon auf St. Helena
benutzt wurde."
Napoleons Geburtsjahr 1769 ist zugleich das Grün-
dungsjahr von Josiah Wedgwoods Manufaktur,
in der er die Formen dieses Services entwarf.
Das Gedicht thematisiert die Zeitlichkeit von Macht
und die Jahrhunderte überdauernde Gültigkeit von
Kunst.

31. Das Pferd 15.05.1976

Dieses Gedicht ist einer Cousine meiner Frau gewidmet, die mit 52 Jahren an Krebs starb. Ihr Testament wurde in allen nationalen Zeitungen Großbritanniens abgedruckt, weil es sehr ungewöhnlich war. So vermachte sie ihren Freundinnen einen ansehnlichen Geldbetrag, mit dem sie im Andenken an sie einen schönen Abend in der Dorfkneipe verbringen sollten. So schaffte sie es, dass ihre fröhliche Geselligkeit und Mitmenschlichkeit ihren Tod überdauerte.

32. Der Salon-Revolutionär Januar 1975

„I never dared to be radical when young for fear it would make me conservative when old." Diese Aussage wird Robert Frost zugeschrieben.

33. Das Selbstporträt des großen S. D. im Fernsehen 28.02.1975

Mehr als dieser exzentrische Maler, der in seiner kreativen Zeit innovative Bilder malte, ist ein Kunstmäzenatentum zu kritisieren, das Kunstobjekte von berühmten Künstlern kauft, ohne nach der Qualität zu fragen. Es geht ihnen dabei nicht so sehr um Kunst, sondern um langfristige Spekulationsrenditen.

34. Der Französischlehrer 26.02.2007

In unserer öffentlichen Diskussion um die Gestaltung von Bildung und Erziehung kommt der positive oder negative Einfluss der Lehrkraft auf das Lernen und noch mehr auf die Persönlichkeitsbildung der Schülerinnen und Schüler regelmäßig zu kurz. Siehe auch den Kontrast zum nachfolgenden Gedicht.

35. Der Lateinlehrer 19.06.1962

Ich hatte als junger Student das große Latinum an der Universität in Hamburg nachzumachen und schaffte dies durch Dr. Jensen, der Lehrbeauftragter der Universität für die Latinum-Kurse war. Er besaß trotz seiner körperlichen Hilflosigkeit viel Humor und eine große Fürsorglichkeit für seine Schülerinnen und Schüler. Er hat meine Einstellung zu meinen Schülerinnen und Schülern und später zu meinen Studentinnen und Studenten stark beeinflusst.

Zyklus 6: Liebe

Das Jahr 1963/64 verbrachte ich als Deutschassistent an der *King Edward VI Grammar School* in Southampton in England. Ich lernte dort meine zukünftige Frau kennen. Die Gedichte wurden inspiriert von unserer jungen Liebe, die, wie die Gedichte zeigen, mit schmerzlichen Trennungen fertig werden musste. Aber wie sagt es ein chinesisches Sprichwort so treffend: Trennung ist für die Liebe wie der Wind für das Feuer: Das kleine löscht er aus, das große entflammt er umso stärker.

36. Verliebt 03.03.1965

37. Sunny Cove Sommer 1964

38. Morgen in Combe Martin 15.10.1964

39. Abend in Hamburg 20.10.1964

40. Paradox 01.07.1964

41. Fragen und Antworten 10.02.1967

42. Das Versprechen 09.04.1964

Zyklus 7: Erste und letzte Fragen

Die letzten sieben Gedichte beschäftigen sich mit den Grundfragen unseres Lebens: Woher? Was? Was ist der Tod? Warum dennoch lachen? Wofür? Wohin? Warum?

43. Das Boot auf dem Meer 02.02.1964

Der Mensch verliert sein Menschsein, wenn er nicht mehr die Fragen stellt, von denen er weiß, dass er nie endgültige Antworten finden wird.

44. Der Wandteppich 15.02.1962

Ausgelöst von einem türkischen Wandteppich im Hause meiner Eltern. Dazu notierte ich 1962 folgendes Zitat eines hinduistischen Autors: „Das Brahma ist die Negation aller Eigenschaften und Beziehungen. Es ist erhaben über Zeit, Raum und Kausalität. Obwohl es raumlos ist, kann es ohne Raum nicht gedacht werden; obwohl es ursachlos ist, kann es das an Gesetz von Ursache und Wirkung gebundene Universum ohne es nicht als existent erkannt werden ... Ohne die unveränderliche weiße Leinwand können die einzelnen Bilder eines Films nicht in Zeit und Raum gerafft werden ... Es ist das Brahma, das als inneres Bewusstsein die Wahrnehmung erst möglich macht."

Swami Nikhilanda. 1958. *Der Hinduismus*. Berlin: Ullstein Verlag, S. 30-31.

45. Hamlet agonistes 02.04.1963

Hierzu Karl Jaspers:

„Es ist immer wieder die Frage: Muss der Mensch an der Wahrheit sterben? Ist Wahrheit der Tod? Die Hamlet-tragödie ist das Wissen im Schaudern an der Grenze des Menschen. Es ist darin kein Warnen, kein Vorzuggeben, sondern Wissen um das Sein im Nichtwissen des Wahrheitswillens, mit dem das Dasein scheitert. Der Rest ist Schweigen."

Karl Jaspers: Das Wahrheitssuchen Hamlets. In: *Die Fackel*, Lesebuch für Höhere Schulen, Band VIII, Göttingen: Vandenhoeck & Ruprecht 1958, S. 251.

46. Mein Tag verrinn' 30.04.1964

Geschrieben an meinem 23. Geburtstag in South-ampton/England.

47. Schottland 05.12.1962

1962 fuhr ich per Anhalter durch Schottland. Das Gedicht ist durch das menschenleere schottische Hochland inspiriert. Siehe auch in der Bibel das Buch Kohelet 3,5.

48. Nach der Vorstellung 01.06.1964

Angeregt durch Robert Frosts Gedicht „Stopping by Woods on a Snowy Evening", zu finden in Robert Frosts: *Selected Poems*. 1962. Harmonds-worth: Penguin, S. 145.

49. For Some Eternal Reason 18.04.1971

Dies ist mein bisher einziges auf Englisch verfasstes Gedicht.

Schlussgedicht

50. Erlösung 18.02.1962

Siehe auch 1. Korinther 13, 1-13. Paulus' Hohes Lied der Liebe wäre ohne das Leben und Sterben Jesu nicht geschrieben worden. In Matthäus 25 wird klargestellt, dass das Liebesgebot universell gilt und auch von Menschen erfüllt werden kann, die weder Jesus kennen noch dem christlichen Glauben angehören.

Nachwort

Vom Sonett Shakespeares
zum freien Sonett

Im Vorwort wurde bereits gesagt, dass die hier versammelten Gedichte in der Form des freien Sonetts nicht ohne die Sonette des großen englischen Barden geschrieben worden wären. So ist zu klären: Was ist ein Shakespearisches Sonett? Was ist ein freies Sonett?

1. Was ist ein Shakespearisches Sonett?

Das Sonett (ital. Sonetto von lat. sonare klingen) ist ein Reimgedicht. Eine erste Blüte erlebte die Sonettkunst in der Renaissance in Italien. Der damals und bis heute berühmteste Sonettenautor war Petrarca (1304-1374). Ein Sonett Shakespeares ist eine leichte Variante der Grundform Petrarcas. Hier das 91. Sonett Shakespeares als Beispiel seiner Sonettkunst:

Sonnet 91

Some glory in their birth, some in their skill,
Some in their wealth, some in their bodies' force;
Some in their garments, though new-fangled ill,
Some in their hawks and hounds, some in their
                                        horse.

And every humour hath his adjunct pleasure,
Wherein it finds a joy above the rest;
But these particulars are not my measure:
All these I better in one general best.

Thy love is better than high birth to me,
Richer than wealth, prouder than garments' cost,
Of more delight than hawks or horses be;
And having thee, of all men's pride I boast:

Wretched in this alone, that thou mayst take
All this away and me most wretched make.

Man sieht: Statt auf je zwei Quartette und Terzette verteilt William Shakespeare die 14 Zeilen des Sonetts auf drei Quartette und eine Doppelzeile. Die Quartette sind alternierend gereimt, die Doppelzeile besteht aus einem Reimpaar.

Inhaltlich beginnt dieses Sonett mit der Aufzählung dessen, worauf Menschen zur Shakespeare-Zeit stolz waren: Herkunft, Fähigkeiten, Reichtum, körperliche Kraft, Kleidung, Jagdfalken, Hunde, Pferde. In einer These zusammengefasst: Alle Menschen brauchen etwas, worauf sie stolz sind, was ihnen besondere Freude macht.

Inhalt des zweiten Quartetts: Übergang zur Antithese: Bei mir, dem Autor des Sonetts, liegen die Dinge anders.

Drittes Quartett: Antithese: Die Liebe zu seiner Angebeteten ist für den fiktiven Sprecher mehr wert als hohe Geburt, Reichtum oder schöne Kleidung, Jagdfalken oder Hunde. Die Beziehung zu seiner Geliebten macht ihn zu einem stolzen

Mann. Die abschließende epigrammatische Doppelzeile bringt die Synthese: Wenn aber die Freundin oder Geliebte sich von ihm abwendet, ist der Sprecher der unglücklichste Mensch der Welt.

Es zeigt sich: Ein einziger Gedanke wird in diesem Sonett dargestellt. Das Sonett zeichnet sich durch eine klare Gedankenführung aus: Exposition - Klärung - Antwort. Es ist eine sehr kompakte und intellektuelle literarische Form. Abschweifungen oder Nebengedanken sind kaum möglich, weil der Platz dafür nicht vorhanden ist. Der zentrale Gedanke wird reich illustriert und dann in regelmäßigem fünffüßig jambischem Rhythmus und alternierenden Reimen konsequent bis zum abschließenden epigrammatischen Reimpaar durchgespielt.

Die präzise Form, so urteilt der Brockhaus, zwingt zur Präzision der Gedanken und umgekehrt: Präzise Gedanken erhalten eine präzise Form.

„Der äußeren Form des Sonetts entsprechen der syntaktische Bau und die innere Struktur: Die Quartette stellen in These und Antithese die Themen des Gedichts auf: die Terzette führen diese Themen in konzentrierter Form durch und bringen die Gegensätze anschließend zur Synthese." (Brockhaus 2006, Stichwort: Sonett).

2. Was ist ein freies Sonett?

Im Vorwort dieser Gedichtsammlung wurde darauf hingewiesen, dass es unter den 154 überlieferten Sonetten Shakespeares drei gibt, die der strengen klassischen Form nicht entsprechen. Ein Blick in den vorliegenden Gedichtband zeigt, dass zwar alle

Texte 14 Zeilen umfassen - aber nicht ein einziger Text ein klassisches Sonett ist. Weder die Versfüße noch die Reimschemata werden eingehalten. Es handelt sich also insgesamt bei den versammelten Gedichten um „Nicht-Sonette", manchmal auch um „Fast-Sonette". Alle sind von dem festgelegten Versmaß und Reimschema des klassischen Sonetts „befreit". Ist das freie Sonett also in der äußeren Sprachform zum klassischen Sonett radikal verändert, so müssen Prägnanz und intellektuelle Klarheit nicht aufgegeben werden.

Das freie Sonett gibt dem Autor im Hinblick auf die Argumentations-Strategien der Texte neue Freiheiten und Chancen: Die klassische Abfolge Exposition - Klärung - Antwort kann erheblich variiert werden. Die Stropheneinteilung kann vielfältiger geschehen. Reim, Rhythmus und Versmaß richten sich stärker nach dem Kommunikationsanliegen. Die Strategien zur Vermittlung einer Botschaft liegen nicht mehr von vornherein fest. So können die Gefahren des klassischen Sonetts wie etwa Sprachdrechselei oder Sprachakrobatik vermieden werden. Ein freies Sonett kann aus einer einzigen abstrakten Argumentation bestehen (z. B. *Dilemma*, Nr. 27). Andererseits besteht das Sonett *Zeitgeist* (Nr.16) aus einer Abfolge von Bildern, die von dem Spruch *Zeit ist Geld* eingerahmt wird, in der letzten Zeile allerdings in der entscheidenden Variation der Zeitform. Wichtig ist, das die im freien Sonett beibehaltene Länge von 14 Zeilen eine Verwendung von Bildern nahelegt.

3. Zur Entstehung poetischer Bilder

Wie aus schwarzer Kohle durch starke Erhitzung und Kompression Diamanten entstehen, so kann sprachliche Kompression Alltagserlebnisse zum Leuchten bringen und sie in Bilder der Erkenntnis verwandeln. Der Ausgangspunkt für den Text *Aquarium* (Nr. 2) war ein Stillleben, ein Arrangement in einem Fenster eines Hauses an der Jesus Green in Cambridge. Dort kam ich 1962 während eines Sommerkurses über englische Sprache und Kultur jeden Morgen auf dem Weg zum College vorbei: In einem kleinen runden Aquarium (fishbowl) schwamm ein roter Fisch allein im Kreis herum. Ebenfalls auf dem Fensterbrett neben dem Aquarium stand eine Vase mit Papierblumen. Plötzlicher Schock der Erkenntnis: Dieses Stillleben ist ein Bild! Ein Bild für die Grenzen menschlicher Erkenntnisfähigkeit, wie sie bereits der Apostel Paulus unübertrefflich formuliert: „Wir sehen jetzt durch einen Spiegel in einem dunklen Wort" (1. Kor. 13,12).

Solche Bilder sind Offenbarungen der Stille, ein Geschenk für Autor und Leser. Sie stellen für mich ein zentrales Stilmittel der Lyrik dar. Sie ermöglichen eine Offenheit der Botschaft und ihres Verstehens und vermeiden dennoch Beliebigkeit. Bilder argumentieren nicht. Sie überreden nicht. Sie lügen nicht. Sie drängen keine Botschaft auf. Sie sind taktvoll. Die in ihnen versteckte Botschaft kann bzw. muss durch den Leser/Hörer entfaltet werden. Poetische Bilder laden den Leser zu einer geistigen Entdeckungsreise ein. Sie appellieren an seine kooperative Phantasie.

„Like a piece of ice on a hot stove the poem must ride on its own melting." 1963 (Frost: S. 4) Wie ein Stück Eis auf einer heißen Herdplatte zischt und auf dem eigenen Schmelzwasser hin und her schießt, so wird sich ein Gedicht in der Fantasie des Lesers hin und her bewegen. Oder aber das Gedicht und die Fantasie des Lesers passen nicht zusammen.

4. Dialogische Kunst

Die moderne Textlinguistik stellt fest, dass ein Text genau genommen nur ein Textformular ist, das durch die kooperative Fantasie des Lesers ausge-füllt und zum Leben erweckt wird. Das wusste bereits William Shakespeare, wie der Prolog zu *Henry V* zeigt:

And let us, ciphers to this great accompt,
On <u>your imaginary</u> forces work …
Piece out our imperfections with <u>your thoughts</u>:
Into a thousand parts divide one man,
And make <u>imaginary puissance</u>.

(*Henry V*, Prolog, 1. 17-18, 23-25, meine Unter-streichungen)

Die Darstellung großer historischer Ereignisse auf einer begrenzten Bühne wäre ein hoffnungsloses Unterfangen, so argumentiert Shakespeare, wäre da nicht die kooperative Fantasie der Zuschauer. Ohne

die kooperative Fantasie der Rezipienten funktio-
niert aber auch kein Roman, kein Gedicht, kein
Sonett. Autor und Adressat sind damit mehr aufein-
ander angewiesen, als sie sich oft bewusst sind.
Dazu sagt Robert Frost: *No tears in the writer, no
tears in the reader. No surprise for the writer, no
surprise for the reader.* (Frost: 1963, S. 3)
Das Verfassen von Gedichten ist für mich erfüllte,
geschenkte Zeit. Es gibt mir ein Glücks- oder Flow-
Erlebnis, wie es Czikszentmihalyi beschrieben hat.
Es würde mich freuen, wenn, wie bereits im
Vorwort gesagt, die Lektüre meiner Gedichte vielen
Leserinnen und Lesern eine erfüllte Lesezeit, einen
neuen Blick auf Aspekte unseres Welterlebens und
ein ästhetisches Vergnügen bereiteten.

5. Lesungen

Ebenso würde ich mich als Didaktiker freuen, wenn
meine Sammlung freier Sonette zur Gestaltung von
privaten und öffentlichen Lesungen in Schulen etc.
genutzt würden. Dabei kann zunächst am Beispiel
eines Sonettes Shakespeares die klassische Form
des Sonetts in Gruppenarbeit verdeutlich werden.
(siehe oben)
Erst danach wird eine Auswahl von 16-20 Sonetten
vorgetragen, die von den Lesenden selber ausge-
wählt wurden. Den Zuhörern sollten die ausgewähl-
ten Texte fotokopiert vorliegen. Nach dem Vorlesen
eines Sonetts brauchen die Leser nach meiner
Erfahrung Zeit, um das Gehörte zu erfassen und zu
durchdenken. Dazu sollte für die Hörer klassische

Instrumentalmusik gespielt werden. Empfehlenswert ist dafür z. B. die Kanonsammlung: Delius, Nikolaus: *52 Catches*. Es handelt sich hier um eine Sammlung englischer Kanonmelodien aus dem 17. Jahrhundert u. a. von Henry Purcell, Dr. J. Blow und anderen.

Literatur

Csikszentmihalyi, Michaly. 1996. *Flow. Das Geheimnis des Glücks*. Stuttgart: Klett-Cotta
Delius, Nikolaus o. D. *52 Catches. Für 1-4 Blockflöten oder mehrere Melodie-Instrumente*. Mainz: Schott (ISMN: M-001-07641-8).
Robert, Frost. 1963. *Selected Poems of Robert Frost*. Herausgegeben von Robert Graves. Fort Worth: Holt, Rinehart and Winston. 1963. Darin das Vorwort Frosts zu seinen Collected Poems von 1930: „The Figure a Poem Makes", S. 1-4.

Zum Autor

Wilfried Brusch ist mit Jean Moira geb. Warren verheiratet. Sie haben zwei erwachsene Kinder. Der Autor ist Professor für Didaktik der englischen Sprache und Kultur der Universität Hamburg. Unter seinen fremdsprachendidaktischen Publikationen findet sich auch ein Band mit Begleitmaterialen zur Shakespeare-Lektüre mit dem Titel *Discovering Shakespeare*. (Klett)

Der Autor und seine Frau sind durch Lebens- und Bildungsweg Deutsch und Englisch geprägt. Sie wohnen sowohl in Hamburg als auch in einem Küstenort in Nord Devon, England. Ihre Freizeitinteressen in Hamburg sind u. a. das Zusammensein mit Freunden, Wandern und Schwimmen. In Devon sind es Surfen, Wanderungen entlang der spektakulären Atlantikküste und Teilnahme am Dorfleben.

Kontakt:

Brusch@erzwiss.uni-hamburg.de
oder wbrusch1@aol.com

www.wbrusch.de